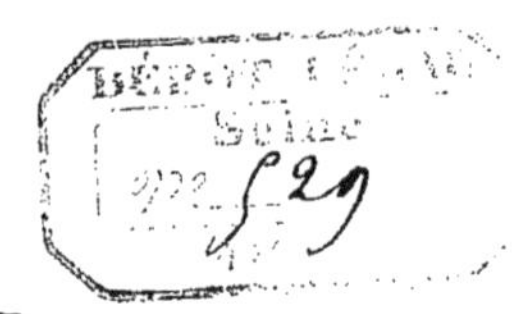

RÉPUBLIQUE

ET

MONARCHIE

OU

LE SALUT DE LA FRANCE

PAR

Le docteur A. LABAT

Prix : 50 centimes

PARIS
TYPOGRAPHIE A. HENNUYER
RUE DU BOULEVARD, 7

1871

RÉPUBLIQUE ET MONARCHIE

Deux fois en ma vie j'ai cédé aux illusions entraînantes du mot *République*, et deux fois je suis retombé dans le plus amer désenchantement.

Hommage à Montesquieu, le grand publiciste, qui a dit qu'il fallait avant tout à la République deux vertus fondamentales : l'amour de l'égalité et de la frugalité. Or, je le demande, la France possède-t-elle ces deux vertus? Le mot d'*égalité* est dans toutes les bouches, mais l'esprit de domination est dans tous les cœurs. Partout la personnalité; de patrie, il n'est question que dans les discours sonores où des phrases stéréotypées viennent remplir des casiers oratoires. Quant à la frugalité, elle est tellement étrangère à nos mœurs, qu'on la confond avec l'avarice et qu'on l'abandonne volontiers aux convalescents et aux misérables.

D'un terrain si mal préparé, la France républicaine n'a pu tirer que deux sortes d'hommes :

1° Les chefs de sectes, cerveaux creux, caractères farouches, démolisseurs intrépides, organisateurs impuissants; tantôt débonnaires comme les rois fainéants, tantôt sanguinaires comme les Césars de Rome ou les inquisiteurs d'Espagne;

2° La tourbe républicaine, composée de déclassés, d'envieux, de braillards, de paresseux, ennemis jurés de toute contrainte, de toute supériorité, de tout gouvernement régulier, de tout principe, de toute religion, en un mot, de ce que le contrat social a créé pour mettre un frein aux passions. Par un juste retour dû à l'inconséquence de l'esprit humain, ces mêmes hommes, si jaloux en apparence de la liberté, sont constamment prêts à l'abdiquer entre les mains de ceux qui les grisent avec des discours où la divagation le dispute à la frénésie. — Un seul trait suffit à les caractériser : ils proclament l'indépendance du suffrage, et ils votent sur *le mot d'ordre*.

Si 1848 et 1870 ont quelques belles pages, à côté que de misères et de folies! Jamais le philosophe observateur n'eut pareille occasion de saisir, sur une immense échelle, la propagation par voie contagieuse d'une véritable épidémie morale. Jamais l'esprit humain égaré ne fit un plus déplorable usage des dons octroyés à sa nature, j'entends le raisonnement et l'expression par le langage. C'est à se demander si l'instinct et le mutisme des animaux ne seraient pas préférables, en ces temps d'absence et de déraison.

Un tel spectacle n'est pas fait pour convertir à nos doctrines l'Europe, encore dégoûtée des souillures sanglantes de 1793. A cette époque, les atrocités furent mêlées de quelque grandeur; mais 1848 n'a mis au jour que des utopies malsaines, aboutissant aux manifestations criardes et à la guerre des rues. La République de 1870 tombe dans les mêmes fautes ; conduira-t-elle aux mêmes crimes?

Pauvre pays! Tes ouvriers-citoyens qui font sonner si haut leur titre ne seraient-ils autre chose que les affranchis de Rome, dignes protégés du César qui vient de tomber si honteusement!

La République en France a pris pour devise, gravé au frontispice de ses monuments, frappé sur ses monnaies, trois mots magiques qui parlent au cœur des peuples : *Liberté*, *Egalité*, *Fraternité*. Lisez : *Licence*, *Nivellement*, *Partage*. Les républicains se sont appelés démocrates, ils n'ont été que démagogues ; ils se sont posés en fondateurs, ils n'ont été que destructeurs; ils se sont proclamés socialistes ou régénérateurs de la société, et chaque fois qu'ils ont touché à l'édifice social, ils en ont ébranlé les assises. Encore quelques essais de ce genre, et il ne restera que ruines et débris.

La République nous menaçant incessamment du danger le plus grand, qui est la destruction sociale, comment s'étonner que la France, soucieuse de sa conservation, prenne l'habitude de se jeter brusquement et aveuglément aux bras d'un sauveur, lequel étant un ambitieux s'occupe avant tout de lui-même, renie les intérêts du pays et le précipite dans les aventures les plus folles et les plus désastreuses ; de sorte que si ce jeu dangereux continuait, la France, qui était la première nation de l'Europe et la plus prospère, deviendrait fatalement la dernière et la plus misérable, comme la Pologne, de douloureuse mémoire.

Les choses étant ainsi, je crois de mon devoir de bon citoyen (le mot est très en faveur) de dire à mon pays ce que je pense, dans toute la franchise et avec toute la rudesse de mon patriotisme.

Libre aux orateurs populaires de déclarer à la France qu'elle n'a pas été vaincue, mais *trahie*, qu'elle est toujours à la tête des nations, que la République va renverser les monarchies. Déclamations creuses et perfides ! La France a été battue, et tristement; elle a perdu, quant à présent, son rang en Europe, et n'a pas été sauvée par la République, parce qu'il ne suffit pas d'un mot pour sortir d'une situation. Loin de chercher à renverser les monarchies européennes, dont quelques-unes pourraient lui donner des leçons de sagesse et de conduite patriotique, ne ferait-elle pas mieux d'examiner sans passion quelle forme de gouvernement répond à son génie, à ses aspirations, et réparerait le plus tôt les immenses ruines de ses villes et de ses campagnes ?

Je le déclare hautement : je suis navré de toutes les sottises, de toutes les bravades, de toutes les forfanteries gasconnes que j'entends débiter çà et là, et si je rougis de nos défaites, je rougis doublement de la façon indécente dont elles sont commentées et interprétées. Rien de plus digne pour une nation courageuse que le silence et la résignation après un échec ; la revanche ne consiste pas en un flux de paroles intempestives.

Revenons à la conduite politique la plus conforme à la situation actuelle de la France.

Vous allez frissonner au seul mot de *Monarchie :* j'entends déjà les exaltés crier contre les tyrans, les usurpateurs, vomir des injures contre les odieux Bourbons, ennemis du peuple, fauteurs de la soutane et de l'aristocratie. *Tyran, clérical, aristocrate*, voici de quoi passionner la foule, de quoi soulever des tempêtes, de quoi trancher sommairement le procès du passé. A l'aide de ces mots cabalistiques, on ferme toute discussion, on étouffe tout raisonnement, et, volontiers, on mettrait en lambeaux quiconque réclame le libre examen ; toujours, bien entendu, au nom de la liberté républicaine.

J'ai cependant la prétention d'user de ma faculté raisonnante pour arriver à une solution pratique, seule condition de notre salut.

En 1848 et en 1870, mêlé de tout mon pouvoir à la vie et à l'agitation populaire, j'ai cherché la vérité, sans parti pris, je ne dirai pas sans passion, entraîné que j'étais par le charme de l'idée républicaine, certes la plus belle, la plus pure au point de vue de la conception et de l'esthétique. J'ai entendu, même écouté, nombre d'orateurs et suivi toutes leurs gammes du sublime jusqu'au grotesque. Eh bien, je dois le dire, ces hommes n'ont pas le langage de la conviction ; ce ne sont pas des apôtres de l'idée, mais des adulateurs de la foule, des sycophantes. Ils flattent toujours le peuple et ne l'avertissent jamais ; ils excitent les passions, au lieu de faire appel aux sentiments de devoir et de dévouement. Si parfois ils ont reçu du ciel quelque part d'intelligence, ils ne rougissent pas de s'abaisser jusqu'au niveau de leurs auditeurs, sans jamais oser les élever jusqu'à eux. De pareils hommes brilleront un instant, mais qu'auront-ils fait pour la patrie ?

Ces prétendus républicains prennent d'abord à tâche de fausser l'histoire de leur pays, avec plus d'impudence que ne le firent jamais le père Daniel et le père Loriquet. Comme on leur retournerait volontiers l'épithète de *jésuite* qu'ils prodiguent à leurs adversaires !

Renier le passé de la France !... Vous croyez donc, messieurs, avoir fait une belle œuvre quand vous avez traîné dans la boue la cendre de vos aïeux. Malheur à qui rougit de ses pères ; il n'a pas le cœur bien placé ! Heureusement la vérité historique, plus forte que votre haine et que vos calomnies, se dégage parfois de vos discours, quand, oubliant la thèse favorite, vous vous laissez aller à célébrer notre courage national, à chanter nos anciennes victoires. Qui donc commandait ces soldats, qui mourait à la tête de ces légions, sinon ces rois eux-mêmes et ces seigneurs que vous cherchez à flétrir ? Soyez conséquents avec vous-mêmes : ne parlez plus de nos triomphes d'autrefois, ou rendez justice à ceux qui les ont inscrits en lettres éternelles dans notre histoire militaire.

Vous semblez fiers de l'ascendant moral de la France. Prétendriez-vous, par hasard, en réclamer l'honneur ? Croyez bien que si les peuples voisins ont emprunté nos idées, notre langage et jusqu'à nos mœurs, c'est aux grands hommes du siècle de Louis XIV, aux profonds penseurs du dix-huitième siècle que nous le devons, et non pas aux gens de votre parti. Continuez de la sorte et l'Europe, rassasiée de vos productions indigestes, cherchera bientôt ailleurs une nation plus digne de prendre en main le flambeau de la civilisation moderne. Il ne faut pas vous faire d'illusions : vous ne représentez ni le courage, ni la grandeur d'âme, ni la générosité de nos pères, encore moins les vieilles traditions de l'élégance, de la politesse, de l'urbanité françaises.

Vous n'êtes que des *niveleurs*, et jamais niveleurs n'élevèrent une nation ; ils ne peuvent que l'abaisser, la compromettre et la perdre.

Dussiez-vous frémir de rage, je vais révéler le motif secret qui vous pousse vers cette voie fatale. Vous êtes dévorés d'orgueil ; tout ce qui est grand, noble, respectable vous porte ombrage. Nés d'hier, vous êtes les ennemis naturels de toutes les gloires passées, que vous voudriez étouffer sous vos lauriers éphémères. Vous ressemblez à ces faux savants, à ces philosophes d'emprunt, à ces professeurs vaniteux des écoles nouvelles qui, sottement jaloux de la renommée de leurs prédécesseurs, s'efforcent de les ensevelir dans l'oubli et dans le mépris, enseignant impudemment à la jeunesse que toute science, que toute vérité sont renfermées dans leurs propres discours et dans leurs propres livres. Anathème sur ces médiocrités dissolvantes qui méconnaissent et répudient le plus bel attribut de l'intelligence, à savoir la solidarité éternelle des grands esprits de toutes les époques !

La vanité, la personnalité, l'intolérantisme, aussi bien chez les hommes politiques que chez les représentants des sciences et des arts, témoignent d'une faiblesse radicale et d'une décadence imminente.

Vous en êtes là, messieurs les représentants du *républicanisme*. Donnerai-je comme preuve nouvelle vos théories creuses et le pauvre langage dont vous les habillez ? Que vous a fait le bon sens pour le torturer ainsi ? Que vous a fait notre langue française pour en dénaturer le génie et pour en ternir les clartés harmoniques ?

Vous avez donc une soif immodérée du pouvoir, que, pour l'obtenir, vous n'hésitez pas à troubler et à désorganiser la France ? Vous lui promettez le calme et la prospérité et, dans les plis de votre manteau de tribun, vous cachez le trouble et la ruine. Quand je vous entends jeter à la foule avide vos engagements fallacieux, je ne puis que vous comparer à ces empiriques assurant à leurs crédules auditeurs la guérison de tous leurs maux et répandant au milieu d'eux leurs philtres empoisonnés. Le pauvre peuple a donné son or et ses épargnes ; puis il retourne au logis plus malade.

Tout ceci n'est point du roman : j'ai vu de mes yeux, j'ai entendu de mes oreilles, et vous voulez que je croie à votre république. Il faut pour la fonder d'autres hommes que vous et pour la pratiquer un autre peuple que le nôtre. J'attends de l'avenir une génération nouvelle d'apôtres et de néophytes. La véritable république est trop pure, trop sainte, pour tirer son origine du savoir-faire et de l'escamotage ; laissons ces façons d'agir à ce César histrion qui est venu singer sur le trône de saint Louis les Domitius, les Caracalla, les Commode, ses dignes ancêtres. Aussi bien nous sommes las de ces comédies dégradantes et coûteuses qui ruineraient en moins d'un siècle la contrée la plus favorisée du ciel.

J'entends répéter et j'ai cru longtemps que la terre de France était le vrai foyer de la liberté. Mais, regardant ce qui se passe autour de moi, je ne puis m'empêcher de voir que la liberté est une chimère après laquelle nous courons sans jamais l'atteindre ; que plus nous mettons de violence à la réclamer, plus nous montrons d'impuissance à la pratiquer, tandis que d'autres peuples, plus modérés, y arrivent progressivement et sans secousses, et commencent d'être singulièrement incommodés de nos utopies subversives, de notre propagande insensée, avant tout, de notre turbulent voisinage.

La République a le grand tort de se montrer illogique et inconséquente aux yeux de l'Europe. Elle se dit pacifique et crie de toute la force de ses poumons qu'elle veut abattre les rois, faire crouler les trônes. Est-ce le langage de la paix et de la concorde ? De quel droit imposer aux peuples voisins sa forme de gouvernement ? Quelle confiance leur inspirer, nous qui changeons tous les dix ou vingt ans de régime ? Ils nous diront avec raison de mettre ordre à nos propres affaires.

On s'est étonné de notre isolement en Europe ; il n'a d'autre cause qu'une attitude provocante : l'empire se dressait comme une menace perpétuelle ; la République veut faire de la propagande. La Monarchie, plus sage, offrant plus de garantie, avait su se créer quelques alliances. Chez nous, une république de propagande n'a d'autre salut que la victoire sur l'Europe coalisée. Cela réussit une fois ; le tenter une seconde serait au moins téméraire.

Qu'il soit bien démontré que la France, devenue raisonnable, cherche à reprendre ses anciennes institutions modifiées suivant la loi du progrès, qu'elle veut affermir la société et non l'ébranler, elle retrouvera les sympathies séculaires acquises à son génie expansif, à son caractère libéral et civilisateur. Qu'elle rompe avec les têtes folles, elle reprendra son équilibre et sa place au soleil. Or, ce résultat ne saurait être obtenu que par le calme, la sagesse, l'intelligence, jamais par la violence, la folie, l'ignorance.

Il y a là matière à grave réflexion : il s'agit tout simplement *d'être ou de ne plus être.*

Nous sommes entièrement convaincus d'avoir, en ce qui précède, traduit le sentiment intime des citoyens éclairés. Ils pensent ainsi, mais ne savent comment le dire, tant en France chacun est esclave de l'opinion et craint de se compromettre en jetant la première pierre à l'idole du jour. — Je vais m'expliquer en termes clairs et sans ambiguïté.

La France de 1789 a donné au monde un beau spectacle, un magnifique exemple ; elle était restée dans les limites du droit et de la justice. Plût àDieu qu'elle s'y fût arrêtée ! A partir de 1792, elle a fait fausse route et marche comme un navire qui a perdu sa boussole et son gouvernail, changeant sans cesse de pilotes qu'elle prend au hasard, se heurtant d'écueils en écueils ; déjà la coque serait brisée et les épaves dispersées si les matériaux n'eussent été résistants et solides. Cette course aventureuse, cette fatale dérive s'appelle *progrès*, et nous, misérable équipage, nous voguons sur des mers inconnues, endormis dans une sécurité trompeuse jusqu'au jour du réveil, par le craquement sinistre du naufrage.

Il n'est aujourd'hui qu'une seule rade où la France puisse s'abriter contre la tourmente et réparer ses avaries : c'est la *monarchie constitutionnelle.* Le port définitif, la République, est situé sur de trop lointains rivages et la passe est encore trop encombrée, trop périlleuse. A plus tard, si Dieu le veut !

La Monarchie constitutionnelle est la seule forme de gouvernement qui nous offre le salut. Par elle la France cesse de rompre avec un passé glorieux, revient à ses traditions en conservant toutes les conquêtes de sa première révolution. Elle renie 1793, sinistre tache à son histoire ; elle n'endosse ni les ridicules de 1848, ni les faiblesses et les impuissances de 1870. Se posant enfin comme une nation qui sait ce qu'elle cherche, ce qu'elle veut, elle tend à reprendre sa place dans le concert européen.

Voici maintenant, en peu de mots, comment je comprends le rétablissement des principes et la régénération du pays.

La porte serait fermée à toute ambition téméraire, et l'on ne verrait plus de simples particuliers rêver la suprême puissance, usurper la dictature qu'ils pratiquent à merveille dès qu'ils se sentent forts ; chez nous, les révolutions n'ont-elles pas toujours enfanté des Denys et des Pisistrates ?

Le trône n'aurait plus de ces vacances fatales qui permettent à des chefs de condottieri de ressusciter à leur profit, flanqués d'une famille avide, un césarisme mille fois plus humiliant et plus ruineux que les règnes les plus néfastes de nos anciens rois.

Nous pourrions enfin respecter le chef de l'État (condition de dignité et de force pour une nation) tout en modérant le pouvoir royal par des institutions libérales analogues à celles qui régissent l'Angleterre et la Belgique.

La société française, si profondément ébranlée, retrouverait son assiette avec la confiance et la sécurité et pourrait jeter un regard tranquille sur l'avenir. Les principes d'autorité, de religion, de discipline, reprendraient leur empire et referaient une génération d'hommes au lieu d'un peuple de comédiens.

Dans la famille, l'homme, redevenu le maître en son logis, apprendrait à ses enfants qu'il faut savoir obéir.

L'armée, désormais nationale, de prétorienne qu'elle était, ne discuterait plus ses officiers comme un club discute ses tribuns.

La religion catholique, qui est celle de la majorité des Français, ne serait plus insultée et livrée à la risée publique par des sots cent fois plus crédules et plus superstitieux que ceux dont ils se moquent. On ne les verrait plus aboyer après les prêtres, comme les chiens après les mendiants.

La noblesse et le clergé, guéris de leurs idées du moyen âge qu'ils ont trop cruellement expiées, viendraient se serrer autour du trône et lui prêter leur appui. Ils ont, dans les circonstances douloureuses que nous traversons, donné des garanties solides de leur dévouement à la patrie en danger : réponse victorieuse à tant de calomnies. La bourgeoisie renoncerait à ses rancunes mesquines, serait moins avare de son sang, moins avide de jouissances matérielles. Les ouvriers finiraient par comprendre qu'une société régulière peut seule leur assurer le travail, l'épargne et le bien-être. Le paysan serait tout prêt à mettre la charrue avant la politique, et le labourage en irait mieux.

La grande objection qu'on fait à la Monarchie est celle-ci : la

République est le gouvernement de l'avenir, et vous nous faites reculer vers le passé ; vous êtes donc *rétrograde*, *réactionnaire*, épithètes aussi malsonnantes qu'*aristocrate* ou *clérical*. — Oui, la République est le gouvernement de l'avenir, mais non celui du présent. Nous ne la méritons pas, nous ne savons pas en jouir. Si nous osions le dire tout haut (encore quelques semaines et on l'osera), nous avouerions qu'elle ne nous inspire pas de confiance et que nous n'en avons à peu près nulle envie. Où donc est la nécessité de nous faire violence pour satisfaire l'ambition et pour arranger la situation de quelques hommes, et pourquoi subir la loi d'une minorité oppressive et turbulente ? L'assemblée nationale ne doit pas plus voter la République contre les intérêts de la France, qu'un conseil de famille ne doit déclarer l'émancipation d'un mineur quand il juge la tutelle encore nécessaire et qu'il redoute la ruine de l'émancipé.

A plus tard, messieurs les prétendants, avocats, journalistes, littérateurs, philosophes (car vous aussi vous êtes des prétendants, mille fois plus redoutables que les princes) ; revenez quand nous serons plus imprégnés des vertus républicaines, et surtout quand vous pourrez nous en donner l'exemple. Jusqu'ici vous n'avez montré que votre amour du pouvoir et votre impuissance à l'exercer.

Autre objection bien fondée en apparence : la Monarchie ramène avec elle des familles princières, un cortége de parents et d'amis, en un mot une cour, une représentation plus ou moins chamarrée et galonnée, par conséquent coûteuse. — *Très-bien !* — Expliquez-moi donc comment il se fait que les gouvernements républicains, si austères de leur nature, si opposés aux dépenses, aux gaspillages monarchiques, ne passent jamais au pouvoir sans laisser les caisses vides. N'auraient-ils pas aussi leurs amis et leurs courtisans à satisfaire, et, au point de vue du budget, le nombre ne serait-il pas ici plus dangereux que la qualité ?

Crois-moi, Jacques Bonhomme, tu payeras toujours, et tu sais par expérience combien sont onéreux nos déménagements politiques. En France, sous le gouvernement d'un seul, on paye beaucoup, souvent trop ; du moins on sait à quoi s'en tenir. Avec le gouvernement de tous, la carte n'a plus de limites.

D'autre part, on objecte que la Monarchie revient avec les priviléges et que le peuple souverain n'en veut plus. — Il est vrai que le peuple ne veut plus de priviléges pour les autres classes, tandis qu'il débute par en réclamer pour son compte, et, comme il est le plus nombreux, il s'ensuit que cette nouvelle caste de privilégiés serait la plus difficile à rassasier qu'on ait vu dans les annales des révolutions historiques.

Par exemple, la Société internationale (il faudrait écrire anti-nationale) demande *le droit au travail*, lisez une rente assurée sur le grand-livre. Je ne puis m'empêcher à ce sujet de faire remarquer que l'ouvrier de Paris n'est pas si mauvais qu'on veut bien le dire ; il a pour la profession de rentier une inclination et des aptitudes dont on ne lui a pas tenu jusqu'ici un compte suffisant. Dégagé des tracasseries du loyer, nourri et habillé en garde national au frais de la commune, il deviendrait un petit saint !

La Société internationale demande encore *l'usine à l'ouvrier qui la fait prospérer*, *la terre au paysan qui la cultive* (sur ce dernier point elle ferait des concessions). Qu'est-ce à dire, sinon la propriété acquise à titre gratuit et non plus à titre onéreux ? Quelle réforme dans notre Code civil ! Les conquérants de la Gaule ne s'y prenaient pas autrement quand, foulant aux pieds la loi civile des vaincus, ils s'octroyaient les terres à titre de fiefs.

Courage, mes amis ; pourquoi vous arrêter en si beau chemin ? Que n'ajoutez-vous le vin à qui le tire, le dîner à qui le prépare, l'habit à qui le brosse, le cheval à qui le panse. Voici que les Prussiens emportent nos meubles ; si les socialistes réclament nos immeubles, que nous restera-t-il ?

Vous êtes donc à mon sens, messieurs de l'Internationale, les plus redoutables privilégiés que je connaisse ; mieux vaudrait pour nous le retour des ducs de Bourgogne et des comtes de Toulouse.

On dit ensuite : les monarchies sacrifient le pays à leurs penchants et à leurs intérêts dynastiques. — J'en appelle aux consciences impartiales ; les hommes qui ont dirigé la République en France n'ont-ils pas mis en première ligne leur personnalité politique, et se sont-ils montrés bien soucieux du bien public ?

On accuse les rois de laisser leurs peuples croupir dans l'ignorance et l'abrutissement.— Il est facile de démontrer que l'ignorance de la classe inférieure tient à des conditions multiples et paraît assez indépendante de la forme gouvernementale. Nous ne sommes pas ennemis de l'instruction des masses ; nous plaçons avant tout leur éducation morale. L'instruction n'est qu'un instrument dont la moralité seule peut faire bon usage.

On ne pardonne pas à la monarchie de s'appuyer sur la religion. — Je répondrai sans hésiter à cette misérable objection : malheur au pays qui manque de cette base ! Est-ce la philosophie que vous mettrez à la place? Prenez garde ; elle suffit à peine à quelques intelligences d'élite. Est-ce l'indifférentisme? Un peuple indifférent est sans valeur et touche à sa fin. L'histoire abonde en exemples fameux qui mettent au jour les tristes conséquences de l'incrédulité. Rappelez-vous que la philosophie matérialiste d'Epicure et de Lucrèce a dissocié et anéanti la société romaine, la plus forte et la mieux organisée qui fût au monde. N'oubliez pas que le stoïcisme des derniers patriciens de Rome, s'il a pu soutenir un instant leur antique vertu, n'a le plus souvent abouti qu'au désespoir et au suicide. Avis aux esprits forts de notre époque.

Toutes ces objections contre la forme monarchique, plutôt applicables au régime républicain tel que nous l'avons vu en France, bien qu'elles soient sans valeur et sans profondeur, séduisent les esprits superficiels et, jetées en pâture à des auditoires sans portée, ont un succès immense, entraînant, et fait pour désespérer les hommes fortement pénétrés des lois inébranlables de la morale et du bon sens.

Il est une objection d'ordre différent, laquelle semble plus embarrassante : Nous sommes actuellement en République ; comment en sortir ? — Je ferai observer que la République n'est qu'un gouvernement de fait et non de droit; qu'elle ne saurait s'imposer à la France en tant que principe indiscutable sans invoquer une sorte de droit divin qu'elle dénie à la Monarchie ; qu'il ne faut plus un gouvernement de surprise, mais bien une forme politique répondant sérieusement à nos vœux et à nos besoins.

La difficulté n'est que reculée : comment obtenir d'une façon certaine l'opinion vraie de la majorité? — Rien de plus facile, répondra-t-on ; le suffrage universel est là pour prononcer.

Ici, armez-vous de tout votre courage, de toute votre patience ; car je vais lancer une nouvelle monstruosité. Qu'importe, une fois dans cette voie ?

Le suffrage universel a séduit tout le monde par son universalité, par sa grandeur et sa simplicité apparentes. Nous l'avons considéré comme la machine politique la plus perfectionnée, de même que la République nous semblait la forme la plus parfaite de gouvernement. Théoriquement, tout cela paraît indiscutable ; mais l'expérience, plus probante que les théorèmes, car elle apporte la solution pratique des problèmes, nous a démontré que le suffrage universel nous convenait aussi peu que la République ; de plus, qu'il était absolument impraticable dans sa forme actuelle.

Oui, le suffrage universel que nous prônons, que nous acclamons, commence à nous paraître, dans notre for intérieur, la chose la plus folle, la plus imprudente, la plus dangereuse qui fût jamais ; j'ajouterai la plus injuste, en vertu d'un axiome de droit fameux : *Summum jus, summa injuria.* La soif de l'égalité nous rend fous, et nous le payerons cher. Quoi ! dix millions d'électeurs en France sont appelés à voter directement pour leurs représentants, c'est-à-dire à faire personnellement de la politique efficace ! J'admets un moment que ces dix millions d'électeurs aient reçu l'instruction gratuite et obligatoire (grand cheval de bataille de messieurs les novateurs), qu'ils sachent lire, écrire et compter, seront-ils pour cela capables de faire un choix raisonné ? Le sens commun frissonne à cette seule pensée. Aussi qu'arrive-t-il quand on se heurte ainsi tête baissée à des impossibilités radicales. On change nécessairement le suffrage direct en un suffrage à plusieurs degrés, et, en l'absence de direction sage et légale, on le fausse, on le transforme, on le dénature de tant de façons, qu'on lui fait dire tout ce qu'on veut, qu'on lui fait prendre toute couleur et toute nuance, qu'on lui fait produire les résultats les plus surprenants, les plus inattendus, les plus en contradiction avec le vœu secret de ceux qui sont censés l'exprimer.

Le suffrage universel est une arme si perfide, un engin si dangereux à manier, que le parti le plus avancé, redoutant de le voir éclater dans ses propres mains, l'attaque déjà lui-même et sera le premier à en réclamer la réforme. Ces messieurs nous auront enfin rendu un service.

Donc, au lieu de songer à étendre le suffrage universel, il n'y a pas de temps à perdre pour le restreindre dans de sages limites, sous peine d'aggraver la situation et de précipiter le cataclysme.

La folie est si grande à notre époque, qu'on a été jusqu'à proposer le vote des femmes. Au cas où un pareil malheur arriverait, le devoir de tout homme sensé serait de s'expatrier au plus vite.

Je ne dirai plus qu'un mot de ce malencontreux suffrage : les Prussiens nous ont bien malmenés ; tout bon Français doit leur désirer le plus grand des maux; eh bien, je déclare que je me croirais vengé si je pouvais leur inoculer le suffrage universel avec le scrutin de liste.

Je résume ce trop long exposé de notre état politique :

La République est, au point de vue de la théorie et de la conception pure, la plus belle forme de gouvernement que les hommes aient imaginée ; elle est l'*ultima ratio* de toute société politique.

L'expérience a démontré une fois de plus qu'elle ne convenait ni aux mœurs, ni au tempérament de la France, qui n'en a pas les mâles vertus; ignorant les secrets de l'avenir, je n'ose affirmer qu'elle ne les aura jamais; espérons encore.

La France républicaine est une menace et un défi à l'Europe monarchique, rôle dangereux dans sa situation actuelle.

La Monarchie constitutionnelle est la forme gouvernementale qui rattache la France à son passé, tout en donnant satisfaction à ses tendances progressistes et libérales : la conciliation peut s'opérer sur ce terrain.

La Monarchie constitutionnelle offre avant tout des garanties d'ordre social que ne peut donner la République. L'ordre social est pour la France la première condition de salut; elle est perdue, si elle épuise en agitations stériles ce qui lui reste de forces vives.

La République et le suffrage universel, mal compris, sont les deux grandes causes de ces agitations. L'une et l'autre n'ont pas leur raison d'être, puisque la République suppose de vrais républicains n'existant qu'en imagination, puisque le suffrage universel suppose de vrais électeurs n'existant que sur le papier.

Que la France se remette en mémoire cette maxime de la philosophie du sens commun : la forme reste à l'état de pure spéculation tant qu'elle ne repose pas sur la substance.

J'ai écrit ceci dans toute la plénitude d'une conviction réfléchie et dans le seul but d'être utile à mon pays malade.

Puissé-je avoir indiqué le vrai remède !

Paris. — Typographie A. Hennuyer, rue du Boulevard, 7.

17

www.ingramcontent.com/pod-product-compliance
Ingram Content Group UK Ltd.
Pitfield, Milton Keynes, MK11 3LW, UK
UKHW020233200726
13856UKWH00004B/1735

9 782013 596459